HENRI IV — NAPOLÉON Ier

RÉFUTATION

DES

ÉTUDES HISTORIQUES

De M. DE NERVO, receveur général des finances

PAR

M. HENNET DU VIGNEUX

Nul n'aura dit AVEC PLUS DE SOIN que M. de Nervo
les *grands travaux* du Consulat.

(Prospectus des *Etudes his'oriques* de M. de Nervo.)

PARIS

AMYOT, LIBRAIRE-ÉDITEUR

RUE DE LA PAIX, 8

1864

HENRI IV — NAPOLÉON Ier

RÉFUTATION

DES

ÉTUDES HISTORIQUES

DE M. DE NERVO

Dans le pays de l'intelligence, dans cette république des lettres, — dont parle M. de Nervo dans la réponse qu'il nous adresse, — il y a des lois et des usages auxquels personne ne songe à se soustraire.

Les lois indiquent à l'écrivain les règles qu'il doit suivre pour conserver sa dignité, et, pour les *historiens*, ce sont l'exactitude scrupuleuse et l'impartialité.

Quant aux usages, — que nous ne discutons pas et auxquels se soumettent des têtes couronnées, — ils sont d'exprimer librement, franchement, sa pensée, et de ne reconnaître d'autre supériorité que celle du talent.

Et encore... cette supériorité du génie la combat-on souvent.

En relevant deux *erreurs historiques* qui déparent, à notre avis, les « Études *historiques* » de M. de Nervo, et qui enlèvent à celles-ci leur valeur comme histoire des Recettes générales, nous n'avons donc usé que d'un droit reconnu, admis par tous les gens de lettres, et contre lequel lui seul réclame.

M. de Nervo sait cependant qu'il y a des œuvres dont on ne parle pas.

Celles que l'on envie...

Celles qui émanent d'un homme illustre par son génie...

Et celles, enfin, qui sont absolument mauvaises.

Des premières, il y en a beaucoup... et l'on craint de les faire connaître ;

Le public lit les secondes, il les juge, et son jugement est sans appel; elles sont d'ailleurs fort rares...

A quoi servirait de signaler l'existence des troisièmes, qui, tout le monde le sait, sont innombrables ?

Discuter le livre de M. de Nervo, c'était donc lui reconnaître, — sans l'envier toutefois, — une importance relative.

Nous regrettons que l'auteur ait méconnu notre intention.

Quoi qu'il en soit, M. de Nervo nous a fait une réponse...

En la lisant, nous espérions y trouver, nous y avons vainement cherché la reproduction des *autorités* sur lesquelles s'étayait notre loyale critique.

M. de Nervo aurait pu les discuter ; au lieu de le faire, il les *passe sous silence* et nous discute seul.

Cette manière peut être habile, nous ne le nions pas, mais ce n'est point la nôtre.

Pour que le public soit juge compétent d'un débat littéraire, — s'il n'est point un jeu d'enfants, — il nous paraît indispensable qu'on lui fournisse les moyens d'apprécier toute la valeur des arguments qu'on lui soumet.

Pour qu'il puisse rendre son verdict en connaissance de cause, il lui faut *toutes* les pièces d'un débat.

Cet oubli de M de Nervo, nous le regrettons. Il nous oblige à *rétablir* les faits par une réponse que nous n'eussions nullement songé à écrire sans cela.

C'est une mise en demeure... nous nous y résignons.

A l'exception de Forbonnais, — dont nous avions jugé la citation inutile en présence de l'affirmation du grand et loyal Sully, — nous ne voulons d'autres autorités que *celles* produites par *M. de Nervo*... Elles nous suffiront et au delà pour le convaincre... nous l'espérons du moins.

Quelles que soient donc les préoccupations du moment, abordons de nouveau ces deux questions d'histoire, questions toujours utiles, à notre avis. Les hommes sérieux y trouveront leur profit, et les lettres y gagneront peut-être la rectification de deux erreurs...

Reprenant l'ordre chronologique établi dans la réponse de M. de Nervo, nous rappellerons que dans notre précédente réfutation nous nous sommes écrié, à propos du ministère du sire de Sancy :

« C'est l'histoire d'un ministre... qui n'a jamais été ministre ! »

Le reproche d'inexactitude était grave. Il demandait à être justifié.

Ne voulant pas qu'on fût obligé de nous croire sur parole, ou que l'on pût douter de notre affirmation, nous avons donc, suivant l'usage en pareil cas, cité d'abord le passage du livre de M. de Nervo auquel nous faisions allusion, et ensuite le texte même de *l'auteur qui prétend le contraire.*

Rien n'était plus loyal.

A cela M. de Nervo répond que nous *prétendons...*

Entendons-nous !

Nous ne prétendons rien... nous rapportons fidèlement une autorité qu'il *faudrait* contredire...

On la passe sous silence... nous la rétablissons.

M. de Nervo écrit donc à l'égard de Sancy :

« Le surintendant des finances (le ministre) (1) FRANÇOIS D'O était mort
« en 1595, et à sa place avait été nommé le seigneur de SANCY, celui qui
« avait, on se le rappelle, amené au roi le secours de douze mille Suisses le
« lendemain de la mort de HENRI III. Cet immense service, qui avait mis la
« couronne sur la tête de HENRI, méritait assurément cette récompense. Mais
« SANCY *n'entendait rien en finances;* il était en outre fort débauché, dépensier
« et *sans nul crédit;* la misère aidant, *il avait donc laissé tous les services pu-*
« *blics presque arrêtés;* l'armée, entre autres, n'avait rien reçu.

« Un conseil de finances avait alors été organisé : il se composait de
« MM. le duc de NEVERS, président ; le chancelier de CHIVERNY, le conné-
« table *Henry de Montmorency,* le maréchal de RETZ, le maréchal de *Matignon,*
« le comte de SCHOMBERG, de SANCY, *Hurault,* seigneur de MAISSE, de LA-
« GRANGE LE ROY. »

A cette affirmation de l'honorable auteur des « Etudes *historiques* » nous avons répondu :

« Nicolas HARLAY de SANCY était au contraire un homme fort en crédit,
« très-expert en matière de finances, et s'il ne laissa pas « tous les services
« publics presque arrêtés », *c'est qu'il n'eut jamais à les diriger.*

« Nous trouvons, en effet, ajoutions-nous, dans un auteur contemporain du

---

(1) *Études historiques,* par M. de Nervo, Michel Lévy, 1ᵉʳ vol., p. 239.

« sire de SANCY, — et que M. de NERVO aurait pu lire, surtout à propos d'une
« histoire des finances, — un chapitre XXIX dont le sommaire commence
« ainsi : « Crédit de SANCY. GABRIELLE *empêche qu'il ne soit nommé surin-*
« *tendant...* »

« Et, après les titres établissant le *crédit* de SANCY, l'auteur ajoute, disions-
nous :

« Il (SANCY) s'imagina incontinent qu'il prendroit la place dudit sieur D'O
« et s'acquerroit la mesme puissance et authorité qu'il avoit tant dans les
« affaires que les finances ; mais Mme de LIANCOURT (*Gabrielle*), que le Roy
« aimoit passionnément et s'estoit laissé persuader d'en avoir eu un fils,
« luy estant devenüe absolument contraire, rompit son dessein, pource
« qu'il avoit tenu des propos un peu libres et hardis de la forme de sa vie
« passée et présente, et de la naissance de ce fils, qui avoit esté nommé
« CÉSAR... etc. »

« Cette dame donc rompit, comme nous avons dit, le dessein du sieur de
« SANCY, en usant de telles menées et pratiques, et mesnageant si dextrement
« lesprit du Roy, *qu'au lieu de laisser establir un seul superintendant avec*
« *absolüe authorité*, elle fit former un conseil des finances, dont M. de NE-
« VERS fut étably chef, assisté de MM. le chancelier de CHIVERNY, duc de
« RETHS, de BELLIÈVRE, SANCY, SCHOMBERG, MAISSE, FRESNE et LA GRANGE
« LE ROY. »

Or, veut-on savoir qui a écrit ces lignes ? avons-nous dit et répétons-nous
encore : « C'est simplement SULLY, le grand ministre, SULLY, l'auteur des
« *OEconomies royales* (1), qui devait mieux connaître que personne assuré-
« ment le nom de son prédécesseur *immédiat*. »

A cette citation d'une autorité aussi *incontestée par le monde savant*
qu'elle est incontestable, que nous répond l'honorable auteur des
« Etudes *historiques* » ?

Sur ce point, M. Hennet *prétend* que nous avons inventé la surintendance
de M. DE SANCY, qui, *selon lui*, n'aurait jamais exercé cette charge.

Puis, il nous cite le témoignage d'André d'Ormesson, de Péréfixe,
de Thou, Henri Martin et Bouillet.

Voilà certes une bien grosse affaire que d'avoir à disculper le loyal
Sully.

Nous nous y résignons pourtant, et nous allons examiner l'un après
l'autre tous les auteurs de M. de Nervo...

Le public jugera.

Voyons d'abord son auteur principal, André Lefèvre d'Ormesson,
contemporain de Sancy !

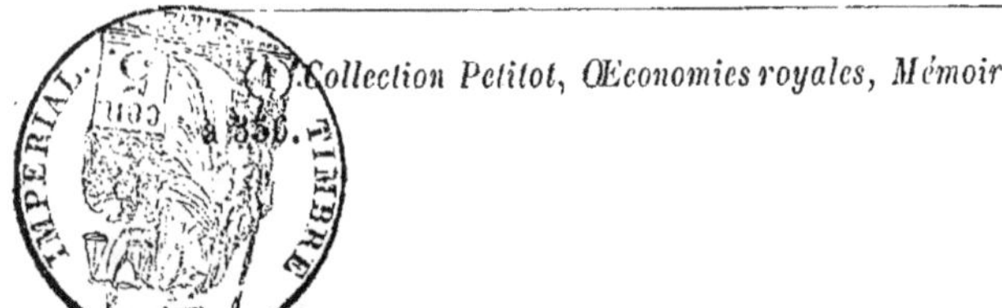

Citation de la réponse de M. de Nervo (*Administration monarchique*, par Chéruel, tome Ier, page 387) :

« Quand le roi Henri IV entra à
« Paris, au mois de mars 1594, il
« fit messire François d'O, seigneur
« de Fresnes, gouverneur de Paris
« et surintendant des finances, le-
« quel mourut en 1595. — Après sa
« mort, plusieurs furent employés
« aux finances ; *messire Nicolas de
« Harlay, seigneur* DE SANCY, *lui
« succéda en cette charge*, et ayant
« parlé trop librement au roi sur son
« mariage avec la duchesse de Beau-
« fort, il fut disgracié, et fut mis *en
« sa place*, en l'an 1598, messire
« Maximilien de Béthune, marquis
« de Rosny. » (F° 9 et suivants du
manuscrit d'André Lefèvre d'Ormesson.)

Réfutation de d'Ormesson par d'Ormesson *lui-même* (*Administra-tion monarchique*, par Chéruel, tome Ier, page 354) :

Conseillers du roi (1596).

Lorsque messire Maximilien (1) de Béthune, marquis de Rosny, fut fait SEUL SURINTENDANT des finances par le feu roy Henri le Grand.

Surintendants des finances :

MM. le duc de Nevers (Lud. de Gon-
zague),
le connétable Henry de Montmorency,
Phil. Hurault de Chiverny, chancelier de France ;
le mareschal de Retz, Pierre de
Gondi, duc et pair ;
le mareschal de Matignon,
de Sancy (Nicolas de Harlay),
le comte de Schomberg,
Hurault, seigneur de Maisse,
conseiller d'État ;
de la Grange Le Roy (Jacques
Le Roy).

Intendants des finances :

MM. d'Incarville,
d'Heudicour (Sublet),
Maral, etc...

Et, après cette nomenclature exacte des *conseillers* dont les uns *usur-paient* la qualité de surintendants (*ministres*) et les autres prenaient celle d'intendants, d'Ormesson ajoute :

« Voilà ceux dont le Roy se servoit pour la DIRECTION de ses finances es-
« années 1595 et 1596, lesquels ne ménageant pas les finances à son gré, il
« mit *en leur place* M. le marquis de Rosny ; ils furent tous désappointés
« (privés de leur traitement), OSTÉS DE LADITE ADMINISTRATION et renvoyés en
« leurs maisons. *Les huit premiers* PRENOIENT qualité de surintendants, les
« huit derniers d'intendants. » (*Extrait du manuscrit d'André Lefevre d'Ormesson*, f° 7, verso, Bibl. publ. de Rouen, fonds Leber, n° 5767.)

En bon français on ne peut *prendre* que ce que l'on n'a pas... Donc,

---

(1) Dans le manuscrit de la Bibliothèque de Rouen, ce prénom est écrit pa
d'Ormesson « Maximiliain ».

Sancy, faisant partie des huit, *prenait* la qualité de ministre, MAIS IL NE LA POSSÉDAIT PAS !

Quant à la pièce que nous citons et qui confirme en tous points ce qu'a pu dire Sully, c'est une note courte, fort claire, accompagnée de huit autres pareilles et portant toutes le cachet de l'authenticité la plus complète. Ces notes, prises *année par année*, dans la vue de mémoires *à écrire par la suite*, ne sont pas discutables.

Celle que cite M. de Nervo est au contraire un morceau écrit long-temps après, ainsi qu'il est facile de le *prouver* par le simple rapprochement de la première et de la dernière ligne.

« Quand le roy Henri IV entra dans Paris au mois de mai 1594... » rapprochée de la dernière que voici :

« De nouveaux intendants furent nommés en 1654, Paget, Housset, « Brisacier et Boislève. »

Ce morceau date donc de 1654, pour le moins....

Quelle est sa date réelle ?

Nous laissons à M. de Nervo le soin de l'apprendre au public.

Mais s'il a lu, comme nous n'en doutons pas, ce manuscrit d'une écriture excessivement fine et difficile à déchiffrer, il a dû remarquer, comme nous, qu'il *se composait d'un certain nombre de cahiers écrits à différentes époques et d'une pagination distincte pour chacun d'eux.*

Au moment où il écrivait le *cahier* que cite M. de Nervo, André d'Ormesson avait QUATRE-VINGTS ANS (1) ! Sa mémoire, obscurcie par les années, avait oublié ce qu'il avait consigné lui-même dans ses propres écrits, et en disant que Sancy fut surintendant, il oubliait d'ajouter ce

---

(1) Ici encore nous ne donnerons point de date. Une date peut être contestée, changée, comme on le verra plus loin pour celle de 1819. Nous préférons convaincre par le raisonnement M. de Nervo avec *ses propres armes.* Il nous oppose Chéruel, nous continuons à citer Chéruel.

Olivier d'Ormesson, le père de l'historien André, *était mort le 27 mai* 1600 (Chéruel, *Administration monarchique*, p. 340). « *Lors du décès* de son « père, André *estoit* conseiller de la Cour des comptes et commissaire aux re-« questes du Palais (Id., p. 341); *il avait donc* au moins. . . 25 ans.
« De 1600 à 1605. 5
« Attaché ensuite au Conseil d'État pendant 60 ans, de 1605 à « 1665 (Id., p. 344). 60

Il aurait donc vécu au moins . . . . 90 ans.
Dix ans plus tôt, en 1654, il avait donc 80 ans !

qu'il a dit plus haut : qu'il avait eu sept collègues *usurpant*, comme lui, ce titre qu'il n'eut jamais.

A l'appui de d'Ormesson, qui *confirme* Sully, vient Forbonnais, dont le savant M. Chéruel a pu écrire cet éloge, qui est certes la plus enviable récompense que puisse obtenir un historien :

« *Recherches sur les Finances*. Cet ouvrage, composé au milieu du « XVIIIe siècle par un financier instruit et *exact*, mérite la même con- « fiance que les documents originaux (1) ! »

Or, Forbonnais, aux années 1595 et suivantes, ne parle absolument que de la commission des finances et de Sully ; il ne prononce même pas le nom du ministre *fantastique* de M. de Nervo.

Quant à de Thou, à Péréfixe, le *titre* de surintendant qu'ils accordent à Sancy nous paraît expliqué : huit conseillers le *prenaient* en même temps. Ce titre d'ailleurs flattait la vanité de de Thou, le *parent* et l'ami de Sancy. Pour Péréfixe, le respectable évêque écrivait son histoire de Henri le Grand soixante-quatre ans après ce Conseil des finances et à l'aide des souvenirs d'autrui.

Quant au savant M. Chéruel, — le livre même dans lequel M. de Nervo a été *puiser la preuve* qu'il nous oppose, — parle-t-il du ministère de Sancy dans son *Histoire de l'administration monarchique de la France ?* Non. Sully *seul* y est nommé.

Ce qui nous étonne, c'est que M. de Nervo n'ait pas été frappé de cette absence... lorsque plus loin se trouvait une preuve *contraire en apparence.*

La science a cela de remarquable que même son *silence* est un enseignement !

Du moment que le savant maître des conférences n'admettait pas Sancy au nombre des *ministres*, il fallait qu'il eût lu et contrôlé, — car la science est méfiante, — le dire de Sully.

D'Ormesson, de Thou, Péréfixe, étant donc expliqués, voyons maintenant l'affirmation d'Henri Martin, *que M. de Nervo nous oppose.*

ÉTUDES HISTORIQUES	PREUVE A L'APPUI.
DE M. DE NERVO.	HENRI MARTIN, tome X, page 398.
« Le surintendant des finances, « François d'O, était mort en 1595, « et *à sa place* avait été nommé le « seigneur de Sancy. »	« Après la mort de François d'O, « le roi avait *remplacé la surinten-* « *dance par un Conseil des finances,* « composé, etc.

(1) Chéruel, *Administration monarchique*, p. 241, note 1re.

Si nous comprenons ce que nous lisons, ces mots du célèbre historien : « Le roi avait *remplacé la surintendance par un Conseil des finances* », ne signifient pas précisément que cette surintendance ait été ac-
cordée au sire de Sancy.

M. de Nervo dit oui... Henri Martin dit non...

Lequel croire ?

Que dit encore, à ce sujet, l'illustre historien dont l'ouvrage con-
sciencieux a mérité trois fois les couronnes académiques ?

« La présidence *nominale*, retenons bien ce mot !
« La présidence *nominale* était au duc de Nevers. Les choses n'allèrent pas
« mieux. Quelques-uns de ces hommes d'État n'entendaient pas les finances ;
« *d'autres les entendaient à leur profit.* La direction principale passa bientôt
« aux mains de Sanci... Ils mangèrent de la sorte, en deux ans, 1,500,000 écus
« en payement de vieilles dettes » qui ne sortaient pas de leur poche. »

Un écrivain pour lequel Sully et Forbonnais sont deux autorités
qu'il reconnaît incontestables ne pouvait écrire autre chose.

La direction principale « du *Conseil*, dit l'historien, passa du duc de
Nevers à Sancy, qui eut l'adresse de s'en emparer ». Où M. de Nervo
voit-il là une preuve suffisante du *ministère* de Sancy ?

« Voilà ceux dont le roy se servoit pour la *Direction* de ses finances... » nous a dit d'Ormesson.

« La DIRECTION *principale*, » répète Henri Martin.

Pourquoi ?

Parce que « *d'autres entendaient les finances à leur profit* », nous
répond l'historien, et que *le plus habile* de ces « *autres* », Sancy, sut
attirer à lui non pas le ministère, *qu'il n'eut jamais*, mais la direction
d'un Conseil ignorant.

Quant à la discussion dans laquelle M. de Nervo voudrait nous entraîner au sujet de la probité de son ministre prétendu, il nous per-
mettra de lui dire qu'il se donne là une peine fort inutile.

Cette probité *absente* n'a jamais fait question pour personne.

Auteurs nouveaux, auteurs anciens, tous sont d'accord là-dessus.
Sancy fut un pillard... mais un pillard adroit, fort en crédit et contre
lequel, — Sully nous l'a dit, — Mme de Liancourt, la maîtresse du roy,
dut employer « des menées, des pratiques, et ménager dextrement
l'esprit de Henri IV », afin d'enlever de haute lutte, en faveur de
Rosny, ce ministère que le *conseiller* ambitionnait.

Il y a loin, on en conviendra, de cet homme si habile à cet homme qui *n'entendait rien en finances*, à cet homme sans crédit dont nous a fait le portrait l'auteur des « Etudes *historiques* ».

Ce fameux titre du conseiller Sancy, qui a trompé M. de Nervo, c'est l'éternelle histoire du capitaine qu'on nomme « commandant » ; du lieutenant-colonel qu'on appelle « colonel » et du contre-amiral qu'on flatte du titre « d'amiral ».

C'est une affaire de *vanité*, pas autre chose.

Ainsi se trouve justifié par nos autorités et *par celles de notre honorable contradicteur* tout ce que nous avons affirmé dans notre première réfutation, à savoir :

Qu'il a écrit l'histoire *d'un ministère* et d'un ministre qui n'ont jamais existé que *dans son imagination*.

Ce point nous paraissant épuisé, arrivons au cadastre de la France.

Nous avons dit et nous maintenons qu'il *n'a pas été inventé* par le ministre Gaudin, et que, s'il a été *exécuté*, il le fut *malgré lui*, par l'ordre du Premier Consul.

C'est donc le cadastre de Napoléon Ier qu'il faut dire, et non le cadastre de M. Gaudin.

Quel que soit le dédain, un peu affecté peut-être, de notre honorable contradicteur pour une institution aussi utile et si généralement appréciée par cinq millions de propriétaires, nous continuons à penser qu'il n'eût pas été mal d'en faire quelque mention dans une histoire des finances.

Si par le mot *finances* on entend le maniement, le mouvement des fonds et des affaires financières, on l'entend bien un peu aussi des contributions qui produisent ces fonds.

Dire *quelques mots* de la base sur laquelle s'appuie la contribution foncière, nous eût semblé plus naturel que de faire le récit de batailles connues dans une histoire intitulée : *Les Finances françaises*.

M. de Nervo n'a pas été de cet avis, — et nous ne l'en blâmons pas : chacun est libre, en écrivant, de dire ou de passer sous silence ce qui lui plaît ou lui déplaît.

Seulement il ne faut pas trouver *intempestif*, croyons-nous, l'étonnement d'un lecteur qui, cherchant à son ordre une administration de DIX MILLE EMPLOYÉS, ne trouve rien.

C'est ainsi qu'en lisant, à la page 337 de son deuxième volume, l'énumération des divers services qui composaient le ministère de M. Gaudin, nous avons constaté l'absence, — évidemment volontaire *aujourd'hui*, — d'une administration comptant cent employés au centre, douze inspecteurs généraux et de huit à dix mille géomètres arpenteurs et dessinateurs.

A cela M. de Nervo nous répond :

« Nous n'avons point écrit l'histoire du cadastre, mais bien l'histoire de
« France dans ses rapports avec les différentes phases traversées par nos
« finances ; et, en conséquence, nous n'avions à nous occuper ni des détails,
« ni des personnes qui ont plus ou moins participé à cette opération. Entrer
« dans ces détails, c'eût été faire l'histoire individuelle de chacune des admi-
« nistrations financières de la France : tel n'est point le plan et le but d'une
« histoire générale. »

Telle n'a pas été non plus notre demande ; il nous paraissait simplement que dans *l'énumération* des divers services financiers, en exclure le cadastre était une *erreur*.

Mais nous avons trouvé quelques pages plus loin, — page 356, — une phrase *erronée d'un bout à l'autre*, et qui pouvait nous faire croire que M. de Nervo connaissait mal cette grande institution.

Cette phrase, la voici :

« M. Gaudin (le ministre) avait bien pensé d'abord, frappé qu'il était de
« l'inégalité relative de l'impôt foncier, dont les uns payaient le dixième et
« les autres le vingtième de leur revenu, *à établir un cadastre ;* mais la cherté
« et la difficulté de cette grande opération avaient bientôt éloigné ce projet,
« *qui ne fut repris et exécuté qu'en* 1819. »

L'affirmation est claire, absolue, avons-nous dit et disons-nous encore.

De sa lecture telle que la voilà il résultera toujours que le cadastre est *l'invention de M. Gaudin*, et son exécution *l'œuvre de la Restauration*.

C'est là une question de bonne foi.

M. de Nervo nous répond *aujourd'hui* que si son livre porte 1819, son manuscrit a dit 1809 ! C'est une erreur... il n'y a rien à dire, nous nous sommes trompé.

Mais, jusqu'à ce que l'édition entière ait été corrigée, tous les lecteurs des « Etudes *historiques* » seront trompés comme nous l'avons été.

Si son livre disait : « ne fut repris et exécuté » par M. Gaudin, ou bien encore, « par ce ministre », qu'en 1819... chacun verrait, fort claire, la faute d'impression qu'il signale.

Car chacun sait, en effet, qu'en 1819 M. Gaudin avait cessé d'être ministre.

Mais les « Etudes *historiques* » portant ces mots : « repris et exécuté en 1819... » Il résultera toujours, disons-nous, de la lecture de ce passage, — pour tout homme qui comprend ce qu'il lit, — que le cadastre fut exécuté en 1819... c'est-à-dire par le Gouvernement qui avait succédé à celui de 1809, par la Restauration en un mot.

Nous le répétons encore, c'est simplement une question de bonne foi.

Et cela est si vrai, que nous constations, dans notre réfutation, qu'en 1813 on avait complétement cadastré :

11,837,303 hectares,

36,827,165 parcelles,

formant 9,000 communes.

M. de Nervo répond à cela que le rapport officiel présenté à la Chambre des députés le 18 février 1818 ne constate que 6,121 communes cadastrées.

Nous en convenons sans peine; mais la France de 1818 n'était pas celle de 1813, et, si M. de Nervo veut bien y ajouter tous les départements *devenus étrangers* à cette époque, il aura le chiffre *officiel* que nous maintenons pour exact.

Cette erreur de date à part, — la seule qu'il reconnaisse, — M. de Nervo maintient donc la rédaction *rectifiée* que voici :

« M. GAUDIN (le ministre) avait bien pensé d'abord, frappé qu'il était de
« l'inégalité relative de l'impôt foncier, dont les uns payaient le dixième et
« les autres le vingtième de leur revenu, *à établir un cadastre;* mais la cherté
« et la difficulté de cette grande opération avaient bientôt éloigné ce projet,
« *qui ne fut repris et exécuté qu'en* 1809. »

Autant de mots, *autant d'erreurs*, nous allons le prouver.

Auparavant, reconnaissons d'abord que nous avons eu tort en pensant que M. de Nervo avait *mal étudié* le cadastre, et que peut-être il ne le *connaissait pas*.

Il l'a tellement bien étudié, au contraire, *dans les mémoires de M. le duc de Gaëte*, que nous ne comprenons plus rien à cette malheureuse phrase de 1809.

Voyons d'abord l'invention !

M. Gaudin n'est pas l'inventeur du cadastre.

C'est là un fait notoire.

Pour le prouver, qu'avons-nous dit ?

La première idée d'ÉGALITÉ PROPORTIONNELLE se manifeste dans la séance de l'Assemblé nationale du 7 juillet 1789.

Le député HERNOUX, de la Côte-d'Or, croyons-nous, demande, aux applaudissements unanimes de l'Assemblée, qu'on établisse désormais, « dans la « répartition de toutes les charges et impositions, l'égalité proportionnelle « aux propriétés et facultés de chaque individu. »

(*Procès-verbal de l'Assemblée nationale*, tome Ier, n° 17, f° 5, Paris, 1789.)

Le 30 mars suivant, le député VERNIER demande, afin de connaître la valeur réelle d'un bien foncier, « l'établissement général d'un arpentage avec « estimation, opération qu'on appelle CADASTRE. »

(*Procès-verbal de l'Assemblée nationale*, tome XVI. *Nouveau plan de finances et d'impositions*, par Vernier, imprimé par ordre de l'Assemblée.)

Enfin, le 13 décembre de la même année, le député AUBRY présente à l'Assemblée nationale un projet détaillé de cadastre général, avec plans établis à l'échelle d'une ligne par dix toises, et son projet obtient les honneurs de l'impression.

(*Procès-verbal de l'Assemblée nationale*, tome XL, page 1. *Exécution du cadastre général de la France*, par Aubry.)

Tout cela, — qu'on le remarque bien, ce n'est pas nous qui le *prétendons*, — ainsi que l'affirme M. de Nervo dans sa réponse ; — ce sont des procès-verbaux *officiels*.

Que nous importe que l'illustre M. Gaudin, — qui, de même que d'Ormesson, écrivait ses mémoires à plus de quatre-vingts ans, — se soit attribué un mérite que lui refusent péremptoirement les trois pièces qui précèdent !

« L'histoire, nous dit M. de Nervo, du haut de la sphère où elle plane, ne « connaît point ces préférences intéressées : quels que soient la race, — le « rang, — le nom de ceux qui sont successivement montés sur le trône de « France, la même justice leur est due, la même justice leur est rendue. »

L'histoire, en effet, rend justice — par notre plume — à trois hommes oubliés.

Les inventeurs du cadastre furent :

Hernoux, Vernier, Aubry, tous trois députés à l'Assemblée nationale.

Malgré le « rang » qu'occupa M. Gaudin, malgré *son nom* illustre à d'autres titres, malgré *toute affirmation contraire*, — la sienne comprise, — il ne fit que *subir* ce qui ne lui *plaisait pas...* et il n'inventa pas cette grande opération.

Justice étant faite de cette prétention, que signifient ces mots de la phrase de M. de Nervo : « avaient bientôt éloigné ce projet, qui ne fut « repris et exécuté qu'en 1809 » ?

Afin d'essayer sur ce point une justification quelconque, M. de Nervo, dans sa réponse, se livre, — comme au sujet de la probité de Sancy, — à une discussion que nous n'avons point soulevée et dans laquelle nous ne nous laisserons pas entraîner.

Il se donne à cet égard une peine inutile.

La phrase n'indique pas la *nature* du cadastre ; cette *nature*, perfectible, n'est pas en question.

Elle dit fort nettement que le cadastre,   l'opération entière en un mot, — fut éloigné, puis repris et exécuté en 1809.

Laissons donc toute subtilité de côté ; laissons cette phrase *telle qu'elle existe* dans son livre !

Autant de mots, autant d'erreurs, avons-nous dit ; nous le répétons encore. Nous allons le prouver pour *l'exécution*, comme nous l'avons prouvé pour *l'invention*.

Collection des lois et arrêtés sur le cadastre, par Oyon. Imprimerie impériale, an XII (1804), vol. Ier, page 102 :	ÉTUDES *HISTORIQUES*.
« Arrêté du 29 frimaire an XI, « daté de Saint-Cloud, signé Bona- « parte, premier consul, et contre- « signé Gaudin, établissant l'admi- « nistration du cadastre. »	« Le cadastre fut éloigné, repris « et exécuté en 1809 ! »

M. de Nervo mettra-t-il en doute la collection Oyon, collection officielle de pièces manuscrites actuellement déposées aux Archives de l'empire... où il pourra tenir comme nous entre ses mains cet arrêté ?

Est-ce la « *cherté* », comme il l'affirme, qui a empêché l'exécution du cadastre? M. Gaudin (tome Ier, p. 196) déclare qu'en 1807 on avait déjà dépensé 20 *millions* pour cet objet. Or, pour dépenser 20 millions pour le cadastre, il fallait bien qu'il existât... donc il n'avait pas été *éloigné!*

Et s'il a été exécuté à partir du 29 frimaire an XI, il s'ensuit logiquement qu'il ne put être *repris* et *exécuté en* 1809 : on ne reprend que ce qui n'existe pas... et M. Gaudin vient de déclarer lui-même qu'il existait si bien *avant* 1809, qu'en 1807 il avait déjà coûté 20 millions!

La phrase entière étant *détruite* pièce à pièce, que devient la prétention de M. Gaudin d'être le créateur et l'exécuteur du cadastre de la France?

Pour bien convaincre M. de Nervo de *l'erreur* qui est la sienne, prenons, DANS SA RÉPONSE MÊME, un passage qu'il nous cite. C'est M. Gaudin qui écrit ce qu'on va lire :

« La loi du 23 septembre 1791 avait consacré le principe et déterminé les
« règles d'un cadastre *parcellaire*, afin d'assurer à tous les contribuables un
« traitement *égal ;* mais la commission, *effrayée de la durée et de la dépense*
« d'une semblable opération, proposa un cadastre *par masses de culture* (avec
« arpentage partiel). Il était difficile de n'être pas frappé de l'impossibilité de
« parvenir par une telle voie à un répartiment général qui pût satisfaire ceux
« des départements pour lesquels il serait résulté une augmentation de char-
« ges, et il était évident que l'on ne pouvait attendre de ce travail aucun moyen
« de reconnaître et de rectifier les inégalités individuelles (1) ; cependant
« *cet avis prévalut* malgré la *résistance de la commission et la mienne*, et les
« mesures furent prises pour l'exécution de l'arpentage partiel qui avait été
« adopté. »

Nous restons stupéfait à la lecture de ces mots soulignés par M. de Nervo lui-même : « la *résistance de la commission et la mienne* » !

Nous ne pouvons comprendre, en effet, qu'en écrivant ce qu'on vient de lire, l'honorable auteur des « Etudes *historiques* » ne se soit

---

(1) Rien de tout cela n'avait échappé au Premier Consul ; mais, VOULANT le cadastre, QUE NE VOULAIT PAS M. GAUDIN, il arriva au Parcellaire, *son idée fixe*, en passant par une opération préliminaire qui ne remplissait le but de personne. Il savait qu'une fois engagée dans cette voie, la France ne reculerait pas... Il fit exécuter sa volonté.

pas aperçu, à mesure que les mots *naissaient sous sa plume*, qu'ils lui donnaient tort, et confirmaient notre réfutation.

Mais si M. Gaudin *résista* en 1802, — c'est lui-même qui le déclare, — à l'établissement du cadastre... ce n'est donc pas lui qui l'a exécuté, qui en est l'auteur !

S'il résista, qui pouvait l'y forcer, lui MINISTRE ?

Le Premier Consul, avons-nous dit... « Le Premier Consul » répond comme nous M. Gaudin... la *seule autorité* de M. de Nervo !

C'est ainsi que fut rendu le fameux décret du 29 frimaire an XI, établissant l'ÉGALITÉ DEVANT L'IMPÔT !

Il fut rendu *malgré* le ministre.

Par qui ?

Par Napoléon Ier, à qui revient la gloire de son *exécution*.

Nous n'avons jamais dit autre chose.

« L'histoire, nous dit M. de Nervo dans sa réponse, du haut de la sphère où « elle plane, ne connaît point de préférences intéressées : quels que soient « la race, — le rang, — le nom de ceux qui sont successivement montés « sur le trône de France, la même justice leur est due, la même justice *doit* « *leur être rendue.* »

C'est là ce que nous avons fait.

M. Gaudin, nous le répétons, quel qu'ait été son *rang*, quelque illustre que soit son nom et quelles que soient ses prétentions *tardives*, loin d'être l'auteur, le créateur du cadastre, n'a jamais vu cette opération qu'avec peine.

Ses inventeurs sont . Hernoux, Vernier, Aubry, les véritables promoteurs de la loi de 1791.

Celui qui le fit exécuter, ce fut Napoléon Ier.

Nous le disons parce que cela est.

Il en serait autrement, nous dirions de même un autre nom.

A chacun selon ses œuvres !

Que le public impartial juge maintenant...

Nous ne terminerons pas toutefois sans ajouter que, fils et neveu d'hommes qui ont attaché leur nom à cette grande opération, la revendication du cadastre en faveur du Consulat était pour nous un devoir : on ne saurait trop honorer et respecter le nom qu'on porte.

M. le baron de Nervo nous a lui-même tracé la route à cet égard en nous apprenant qu'un brave officier nommé Nervo comptait dans les rangs de l'armée républicaine.

N'aurait-elle eu que ce but en vue, son histoire des finances françaises nous paraîtrait suffisamment expliquée.

HENNET DU VIGNÉUX,

De la Société des Gens de lettres.

PARIS, IMPRIMERIE DE JOUAUST ET FILS, RUE SAINT-HONORÉ, 338.

www.ingramcontent.com/pod-product-compliance
Lightning Source LLC
Chambersburg PA
CBHW061614050726

47595CB00007B/2951